50 Recetas de BBQ y Más Allá

Por: Kelly Johnson

Table of Contents

- Costillas BBQ clásicas
- Pollo a la parrilla con salsa de miel y mostaza
- Hamburguesas BBQ con cebolla caramelizada
- Brochetas de cerdo marinado
- Costillas de cerdo a la barbacoa con glaseado de bourbon
- Alitas de pollo picantes BBQ
- Churrasco argentino con chimichurri
- Brisket ahumado estilo Texas
- Salchichas artesanales a la parrilla
- Pulled pork con pan de maíz
- Tacos de carne asada
- Pescado a la parrilla con limón y hierbas
- Mazorcas de maíz BBQ con mantequilla de ajo
- Hamburguesas vegetarianas a la parrilla
- Pollo al carbón con especias cajún
- Costillas de cordero glaseadas
- Camarones a la parrilla con salsa de chipotle

- Hamburguesas de salmón con salsa tártara
- Pinchos morunos
- Costillas de cerdo glaseadas con salsa de chile dulce
- Pollo jerk jamaicano a la parrilla
- Ensalada de col estilo BBQ
- Alitas de pollo con salsa búfalo y miel
- Hamburguesa con queso cheddar ahumado
- Pavo ahumado con salsa BBQ
- Costillas de cerdo estilo Kansas City
- Chuletas de cerdo con glaseado de mostaza y miel
- Pulpo a la parrilla con limón y ajo
- Brochetas de verduras BBQ
- Hamburguesa con guacamole y jalapeños
- Pollo BBQ estilo sureño
- Costillas de cerdo con salsa de café y chipotle
- Hamburguesas de cordero con menta y yogur
- Tacos de pescado a la parrilla
- Costillas de ternera con salsa BBQ casera
- Pollo BBQ con glaseado de piña y jalapeño

- Mazorcas de maíz a la parrilla con queso cotija
- Salmón a la parrilla con salsa teriyaki
- Brochetas de cerdo con salsa de mango
- Costillas ahumadas con salsa de ciruela
- Hamburguesa vegetariana con queso de cabra
- Pollo BBQ con salsa de chipotle y miel
- Camarones al ajillo a la parrilla
- Ensalada de papa estilo BBQ
- Costillas de cerdo al estilo Memphis
- Chuletas de cordero con hierbas frescas
- Hamburguesa BBQ con bacon y queso azul
- Alitas de pollo BBQ con glaseado de bourbon
- Brochetas de pollo al limón y orégano
- Pollo a la parrilla con salsa de tamarindo

Costillas BBQ Clásicas

Ingredientes:

- Costillas de cerdo
- Salsa BBQ
- Sal y pimienta

Instrucciones:

1. Sazona las costillas con sal y pimienta.
2. Cocina a la parrilla o al horno lentamente.
3. Barniza con salsa BBQ durante la cocción.
4. Sirve caliente.

Pollo a la Parrilla con Salsa de Miel y Mostaza

Ingredientes:

- Pechugas o muslos de pollo
- Miel
- Mostaza Dijon
- Ajo picado
- Sal y pimienta

Instrucciones:

1. Mezcla miel, mostaza y ajo para la salsa.
2. Marina el pollo con la mezcla.
3. Cocina a la parrilla hasta que esté bien cocido.
4. Sirve con más salsa.

Hamburguesas BBQ con Cebolla Caramelizada

Ingredientes:

- Carne molida para hamburguesa
- Salsa BBQ
- Cebolla
- Aceite
- Pan de hamburguesa

Instrucciones:

1. Forma hamburguesas con la carne y sazona.
2. Cocina las cebollas lentamente en aceite hasta caramelizar.
3. Cocina las hamburguesas y barniza con salsa BBQ.
4. Sirve en pan con cebolla caramelizada.

Brochetas de Cerdo Marinado

Ingredientes:

- Trozos de cerdo
- Salsa de soja
- Ajo
- Jengibre
- Aceite

Instrucciones:

1. Marina el cerdo con salsa de soja, ajo y jengibre.
2. Ensarta en brochetas.
3. Cocina a la parrilla hasta que estén doradas.

Costillas de Cerdo a la Barbacoa con Glaseado de Bourbon

Ingredientes:

- Costillas de cerdo
- Salsa BBQ
- Bourbon
- Miel

Instrucciones:

1. Cocina las costillas lentamente.
2. Prepara el glaseado mezclando salsa BBQ, bourbon y miel.
3. Barniza las costillas con el glaseado y termina la cocción.

Alitas de Pollo Picantes BBQ

Ingredientes:

- Alitas de pollo
- Salsa BBQ picante
- Pimienta de cayena
- Sal

Instrucciones:

1. Sazona las alitas con sal y pimienta de cayena.
2. Cocina al horno o parrilla.
3. Baña con salsa BBQ picante antes de servir.

Churrasco Argentino con Chimichurri

Ingredientes:

- Bife de chorizo o similar
- Aceite de oliva
- Ajo
- Perejil
- Vinagre
- Orégano

Instrucciones:

1. Cocina el churrasco a la parrilla.
2. Prepara chimichurri mezclando perejil, ajo, vinagre, orégano y aceite.
3. Sirve el churrasco con chimichurri por encima.

Brisket Ahumado Estilo Texas

Ingredientes:

- Pecho de res (brisket)
- Sal gruesa
- Pimienta negra
- Madera para ahumar

Instrucciones:

1. Sazona el brisket con sal y pimienta.
2. Ahúma lentamente durante varias horas.
3. Sirve en lonchas.

Salchichas Artesanales a la Parrilla

Ingredientes:

- Salchichas artesanales
- Aceite
- Pan (opcional)

Instrucciones:

1. Cocina las salchichas a la parrilla, girando para que se doren.
2. Sirve calientes, en pan o solas.

Pulled Pork con Pan de Maíz

Ingredientes:

- Cerdo deshebrado (pulled pork)
- Pan de maíz (cornbread)
- Salsa BBQ

Instrucciones:

1. Cocina el cerdo lentamente hasta que se deshaga.
2. Mezcla con salsa BBQ al gusto.
3. Sirve dentro del pan de maíz.

Tacos de Carne Asada

Ingredientes:

- Carne de res para asar
- Tortillas de maíz
- Cebolla picada
- Cilantro
- Limón

Instrucciones:

1. Asa la carne y córtala en tiras.
2. Calienta las tortillas.
3. Sirve la carne sobre tortillas y acompaña con cebolla, cilantro y limón.

Pescado a la Parrilla con Limón y Hierbas

Ingredientes:

- Filetes de pescado
- Limón
- Hierbas frescas (perejil, cilantro, tomillo)
- Aceite de oliva
- Sal y pimienta

Instrucciones:

1. Marina el pescado con limón, hierbas, aceite, sal y pimienta.
2. Cocina a la parrilla hasta que esté hecho.
3. Sirve con rodajas de limón.

Mazorcas de Maíz BBQ con Mantequilla de Ajo

Ingredientes:

- Mazorcas de maíz
- Mantequilla
- Ajo picado
- Sal

Instrucciones:

1. Cocina las mazorcas a la parrilla.
2. Mezcla mantequilla con ajo y un poco de sal.
3. Unta la mantequilla de ajo sobre las mazorcas calientes.

Hamburguesas Vegetarianas a la Parrilla

Ingredientes:

- Hamburguesas vegetarianas (hechas de legumbres o vegetales)
- Pan para hamburguesa
- Lechuga, tomate y otros vegetales al gusto

Instrucciones:

1. Cocina las hamburguesas vegetarianas a la parrilla.
2. Arma las hamburguesas con pan y vegetales.

Pollo al Carbón con Especias Cajún

Ingredientes:

- Pollo entero o piezas
- Mezcla de especias cajún
- Aceite

Instrucciones:

1. Unta el pollo con aceite y especias cajún.
2. Cocina al carbón hasta que esté bien cocido.

Costillas de Cordero Glaseadas

Ingredientes:

- Costillas de cordero
- Glaseado (puede ser miel con hierbas o salsa BBQ)

Instrucciones:

1. Cocina las costillas lentamente.
2. Barniza con el glaseado durante la cocción.
3. Sirve caliente.

Camarones a la Parrilla con Salsa de Chipotle

Ingredientes:

- Camarones
- Salsa de chipotle
- Limón
- Sal

Instrucciones:

1. Marina los camarones con salsa de chipotle, limón y sal.
2. Cocina a la parrilla hasta que estén rosados.
3. Sirve con más salsa o limón.

Hamburguesas de Salmón con Salsa Tártara

Ingredientes:

- Filetes de salmón picados
- Pan rallado
- Huevo
- Cebolla picada
- Perejil
- Sal y pimienta
- Salsa tártara para acompañar

Instrucciones:

1. Mezcla el salmón picado con pan rallado, huevo, cebolla, perejil, sal y pimienta.
2. Forma hamburguesas y cocina a la parrilla o sartén.
3. Sirve con salsa tártara.

Pinchos Morunos

Ingredientes:

- Trozos de carne (cerdo, pollo o cordero)
- Ajo
- Pimentón
- Comino
- Aceite de oliva
- Sal

Instrucciones:

1. Marina la carne con ajo, pimentón, comino, aceite y sal.
2. Ensarta en brochetas.
3. Cocina a la parrilla hasta dorar.

Costillas de Cerdo Glaseadas con Salsa de Chile Dulce

Ingredientes:

- Costillas de cerdo
- Salsa de chile dulce
- Sal y pimienta

Instrucciones:

1. Cocina las costillas lentamente.
2. Barniza con salsa de chile dulce durante la cocción.
3. Sirve caliente.

Pollo Jerk Jamaicano a la Parrilla

Ingredientes:

- Pollo
- Mezcla de especias jerk (pimienta de Jamaica, canela, clavo, ajo, cebolla, chile)
- Aceite

Instrucciones:

1. Marina el pollo con las especias jerk y aceite.
2. Cocina a la parrilla hasta que esté jugoso y cocido.

Ensalada de Col Estilo BBQ

Ingredientes:

- Repollo rallado
- Zanahoria rallada
- Mayonesa
- Vinagre
- Azúcar
- Sal y pimienta

Instrucciones:

1. Mezcla repollo y zanahoria.
2. Prepara un aderezo con mayonesa, vinagre, azúcar, sal y pimienta.
3. Combina todo y enfría antes de servir.

Alitas de Pollo con Salsa Búfalo y Miel

Ingredientes:

- Alitas de pollo
- Salsa búfalo
- Miel

Instrucciones:

1. Cocina las alitas al horno o fritas.
2. Mezcla salsa búfalo con miel y baña las alitas.
3. Sirve caliente.

Hamburguesa con Queso Cheddar Ahumado

Ingredientes:

- Carne molida para hamburguesa
- Queso cheddar ahumado
- Pan para hamburguesa
- Lechuga, tomate y cebolla (opcional)

Instrucciones:

1. Cocina las hamburguesas a la parrilla.
2. Coloca una rebanada de queso cheddar ahumado encima para que se derrita.
3. Arma la hamburguesa con los ingredientes que prefieras.

Pavo Ahumado con Salsa BBQ

Ingredientes:

- Pechuga o muslos de pavo
- Salsa BBQ
- Sal y pimienta

Instrucciones:

1. Sazona el pavo con sal y pimienta.
2. Ahúmalo lentamente hasta que esté cocido.
3. Sirve con salsa BBQ.

Costillas de Cerdo Estilo Kansas City

Ingredientes:

- Costillas de cerdo
- Salsa BBQ estilo Kansas City (dulce y especiada)

Instrucciones:

1. Cocina las costillas lentamente.
2. Barniza con la salsa BBQ Kansas City durante la cocción y al servir.

Chuletas de Cerdo con Glaseado de Mostaza y Miel

Ingredientes:

- Chuletas de cerdo
- Mostaza Dijon
- Miel
- Ajo picado
- Sal y pimienta

Instrucciones:

1. Mezcla mostaza, miel y ajo para hacer el glaseado.
2. Sazona las chuletas con sal y pimienta.
3. Cocina las chuletas a la parrilla o sartén y barnízalas con el glaseado hasta que estén doradas y caramelizadas.

Pulpo a la Parrilla con Limón y Ajo

Ingredientes:

- Pulpo cocido
- Ajo picado
- Jugo de limón
- Aceite de oliva
- Sal y pimienta

Instrucciones:

1. Marina el pulpo con ajo, limón, aceite, sal y pimienta.
2. Cocina a la parrilla hasta que esté ligeramente dorado.
3. Sirve con más jugo de limón.

Brochetas de Verduras BBQ

Ingredientes:

- Pimientos, cebolla, calabacín, champiñones (u otras verduras)
- Aceite de oliva
- Sal y pimienta
- Hierbas al gusto (romero, tomillo)

Instrucciones:

1. Corta las verduras en trozos grandes.
2. Ensarta en brochetas.
3. Unta con aceite, sal, pimienta y hierbas.
4. Cocina a la parrilla hasta que estén tiernas y doradas.

Hamburguesa con Guacamole y Jalapeños

Ingredientes:

- Carne molida para hamburguesa
- Pan para hamburguesa
- Guacamole
- Jalapeños en rodajas
- Lechuga y tomate (opcional)

Instrucciones:

1. Cocina la hamburguesa a la parrilla o sartén.
2. Arma la hamburguesa con guacamole, jalapeños y los demás ingredientes.

Pollo BBQ Estilo Sureño

Ingredientes:

- Piezas de pollo (muslos, pechugas)
- Salsa BBQ estilo sureño (dulce, con un toque picante)
- Sal y pimienta

Instrucciones:

1. Sazona el pollo y cocina a la parrilla o al horno.
2. Barniza con salsa BBQ varias veces durante la cocción para un glaseado perfecto.

Costillas de Cerdo con Salsa de Café y Chipotle

Ingredientes:

- Costillas de cerdo
- Café fuerte
- Chile chipotle en adobo
- Azúcar morena
- Ajo y cebolla

Instrucciones:

1. Prepara una salsa mezclando café, chipotle, azúcar, ajo y cebolla.
2. Cocina las costillas lentamente y barnízalas con la salsa durante la cocción.

Hamburguesas de Cordero con Menta y Yogur

Ingredientes:

- Carne molida de cordero
- Menta fresca picada
- Sal y pimienta
- Yogur natural para acompañar

Instrucciones:

1. Mezcla la carne de cordero con menta, sal y pimienta.
2. Forma hamburguesas y cocina a la parrilla.
3. Sirve con yogur natural al lado.

Tacos de Pescado a la Parrilla

Ingredientes:

- Filetes de pescado blanco
- Tortillas de maíz
- Repollo rallado
- Salsa de crema o mayonesa con limón
- Cilantro y limón para decorar

Instrucciones:

1. Marina el pescado con limón, sal y pimienta.
2. Cocina a la parrilla.
3. Sirve en tortillas con repollo, salsa y cilantro.

Costillas de Ternera con Salsa BBQ Casera

Ingredientes:

- Costillas de ternera
- Salsa BBQ casera (tomate, azúcar, vinagre, especias)

Instrucciones:

1. Cocina las costillas lentamente.
2. Barniza con salsa BBQ casera durante la cocción y antes de servir.

Pollo BBQ con Glaseado de Piña y Jalapeño

Ingredientes:

- Piezas de pollo
- Jugo de piña
- Jalapeños picados
- Miel
- Salsa BBQ
- Sal y pimienta

Instrucciones:

1. Mezcla jugo de piña, jalapeño, miel y salsa BBQ para hacer el glaseado.
2. Sazona el pollo con sal y pimienta.
3. Cocina el pollo a la parrilla, barnizando con el glaseado varias veces hasta caramelizar.

Mazorcas de Maíz a la Parrilla con Queso Cotija

Ingredientes:

- Mazorcas de maíz
- Queso cotija rallado
- Mantequilla
- Chile en polvo
- Limón

Instrucciones:

1. Asa las mazorcas en la parrilla hasta que estén doradas.
2. Unta con mantequilla, espolvorea queso cotija y chile en polvo.
3. Exprime limón por encima y sirve.

Salmón a la Parrilla con Salsa Teriyaki

Ingredientes:

- Filetes de salmón
- Salsa teriyaki
- Aceite de oliva

Instrucciones:

1. Marina el salmón con salsa teriyaki y un poco de aceite.
2. Cocina a la parrilla hasta que esté cocido y caramelizado.

Brochetas de Cerdo con Salsa de Mango

Ingredientes:

- Trozos de cerdo
- Mango picado
- Cebolla roja
- Cilantro
- Jugo de limón
- Chile (opcional)

Instrucciones:

1. Ensarta los trozos de cerdo en brochetas y cocina a la parrilla.
2. Prepara una salsa con mango, cebolla, cilantro, jugo de limón y chile.
3. Sirve las brochetas con la salsa de mango.

Costillas Ahumadas con Salsa de Ciruela

Ingredientes:

- Costillas de cerdo
- Ciruelas frescas o en conserva
- Vinagre
- Azúcar morena
- Ajo y jengibre

Instrucciones:

1. Cocina las costillas lentamente en ahumador o parrilla.
2. Prepara una salsa con ciruelas, vinagre, azúcar, ajo y jengibre.
3. Barniza las costillas con la salsa durante la cocción.

Hamburguesa Vegetariana con Queso de Cabra

Ingredientes:

- Hamburguesa vegetariana (de garbanzos, lentejas o vegetales)
- Queso de cabra
- Pan para hamburguesa
- Lechuga, tomate y cebolla

Instrucciones:

1. Cocina la hamburguesa vegetariana según instrucciones.
2. Coloca queso de cabra encima para que se derrita un poco.
3. Arma la hamburguesa con vegetales.

Pollo BBQ con Salsa de Chipotle y Miel

Ingredientes:

- Piezas de pollo
- Salsa BBQ
- Chipotles en adobo
- Miel

Instrucciones:

1. Mezcla salsa BBQ con chipotles y miel.
2. Cocina el pollo a la parrilla barnizando con la salsa varias veces hasta caramelizar.

Camarones al Ajillo a la Parrilla

Ingredientes:

- Camarones grandes pelados
- Ajo picado
- Aceite de oliva
- Jugo de limón
- Sal y pimienta

Instrucciones:

1. Marina los camarones con ajo, aceite, limón, sal y pimienta.
2. Cocina a la parrilla hasta que estén rosados y cocidos.
3. Sirve con limón.

Ensalada de Papa Estilo BBQ

Ingredientes:

- Papas cocidas y cortadas en cubos
- Cebolla morada picada
- Apio picado
- Mayonesa
- Mostaza
- Vinagre de manzana
- Sal y pimienta
- Tocino crujiente picado (opcional)

Instrucciones:

1. Mezcla las papas con cebolla, apio y tocino.
2. En un tazón aparte, combina mayonesa, mostaza, vinagre, sal y pimienta.
3. Incorpora el aderezo a las papas y mezcla bien.
4. Refrigera antes de servir para que los sabores se integren.

Costillas de Cerdo al Estilo Memphis

Ingredientes:

- Costillas de cerdo
- Salsa BBQ estilo Memphis (dulce y picante)
- Especias para dry rub: paprika, ajo en polvo, cebolla en polvo, azúcar morena, sal, pimienta

Instrucciones:

1. Aplica el dry rub sobre las costillas y déjalas marinar varias horas.
2. Cocina lentamente a la parrilla o en ahumador.
3. Barniza con salsa BBQ estilo Memphis durante la cocción para un acabado pegajoso.

Chuletas de Cordero con Hierbas Frescas

Ingredientes:

- Chuletas de cordero
- Ajo picado
- Romero fresco
- Tomillo fresco
- Aceite de oliva
- Sal y pimienta

Instrucciones:

1. Marina las chuletas con ajo, hierbas, aceite, sal y pimienta.
2. Cocina a la parrilla hasta el término deseado.

Hamburguesa BBQ con Bacon y Queso Azul

Ingredientes:

- Hamburguesa de carne vacuna
- Tocino crujiente
- Queso azul
- Salsa BBQ
- Pan para hamburguesa
- Lechuga y tomate (opcional)

Instrucciones:

1. Cocina la hamburguesa a la parrilla.
2. Agrega queso azul para que se derrita ligeramente.
3. Arma la hamburguesa con tocino, salsa BBQ y vegetales.

Alitas de Pollo BBQ con Glaseado de Bourbon

Ingredientes:

- Alitas de pollo
- Salsa BBQ
- Bourbon
- Miel
- Ajo en polvo

Instrucciones:

1. Mezcla salsa BBQ con bourbon, miel y ajo en polvo para el glaseado.
2. Cocina las alitas a la parrilla, barnizando con la salsa varias veces.

Brochetas de Pollo al Limón y Orégano

Ingredientes:

- Trozos de pollo
- Jugo y ralladura de limón
- Orégano fresco
- Ajo picado
- Aceite de oliva
- Sal y pimienta

Instrucciones:

1. Marina el pollo con limón, orégano, ajo, aceite, sal y pimienta.
2. Ensarta en brochetas y cocina a la parrilla.

Pollo a la Parrilla con Salsa de Tamarindo

Ingredientes:

- Piezas de pollo
- Pulpa de tamarindo
- Miel
- Salsa de soja
- Ajo picado
- Chile (opcional)

Instrucciones:

1. Mezcla tamarindo, miel, salsa de soja, ajo y chile para la salsa.
2. Marina el pollo y cocina a la parrilla, barnizando con la salsa.

www.ingramcontent.com/pod-product-compliance
Lightning Source LLC
LaVergne TN
LVHW061951070526
838199LV00060B/4072